CON GRIN SUS CONOCIMIENTOS VALEN MAS

Del caos a la intensa luz. Cómo las Bases de Datos Relacionales Transforman el Acceso a los Datos

Damir-Nester Saedeq

Bibliographic information published by the German National Library:

The German National Library lists this publication in the National Bibliography; detailed bibliographic data are available on the Internet at http://dnb.dnb.de.

ISBN: 9783389088197
This book is also available as an ebook.

© GRIN Publishing GmbH
Trappentreustraße 1
80339 München

Print and binding: Books on Demand GmbH, Norderstedt, Germany
Printed on acid-free paper from responsible sources.

The present work has been carefully prepared. Nevertheless, authors and publishers do not incur liability for the correctness of information, notes, links and advice as well as any printing errors.

GRIN web shop: https://www.grin.com/document/1519103

Título: Del Caos a la intensa luz:
Cómo las Bases de Datos
Relacionales Transforman
el Acceso a los Datos

Title: From Chaos to Bright Light:
How Relational Databases
Transform Data Access

Autor: Damir-Nester Yexiam
Saedeq

Nota del autor: Las Imágenes que encontrará en el presente ensayo académico, a menos que el autor declare lo contrario, disponen de licencia Creative Commons 0 (CC0) y han sido obtenidas en http://Pixabay.com. Las referencias bibliográficas presentes en esta obra se encuentran referenciadas según Normas Vancouver.

Author's note: The Images that you will find in this academic essay, unless the author declares otherwise, have a Creative Commons 0 (CC0) license and have been obtained from http://Pixabay.com. The bibliographic references present in this work are referenced according to Vancouver Standards.

RESUMEN:

El presente ensayo académico examina la importancia y el impacto de las bases de datos relacionales en la gestión de información en la actualidad, destacando su papel crucial en diversos contextos sociales y empresariales. A lo largo del texto, se exploran las características fundamentales que hacen de las bases de datos relacionales una herramienta indispensable para la organización y el análisis de datos. En primer lugar, se aborda cómo estas bases utilizan una estructura tabular que permite almacenar, organizar y acceder a grandes volúmenes de información de manera eficiente. Este enfoque no solo facilita la manipulación de datos específicos, sino que también mejora la integridad y precisión de la información, minimizando la duplicación a través del uso de claves primarias y foráneas. Además, el ensayo detalla las ventajas inherentes a las bases de datos relacionales, tales como su seguridad robusta, que protege la información sensible mediante mecanismos de autenticación y autorización. Esto es especialmente relevante en un contexto donde la protección de datos es una prioridad tanto para organizaciones como para individuos. La facilidad de uso es otra característica destacada; incluso usuarios sin un profundo conocimiento técnico pueden interactuar con los datos utilizando SQL, lo que democratiza el acceso a la información y promueve una cultura organizacional más inclusiva. El rendimiento rápido de las bases de datos relacionales es esencial en entornos donde las decisiones deben tomarse con agilidad. Esto se traduce en una experiencia fluida para el usuario, especialmente en sectores como el comercio electrónico y los servicios públicos. Asimismo, se enfatiza la capacidad de estas bases para presentar datos precisos, lo que es vital para realizar análisis confiables que apoyen la planificación estratégica y la evaluación del impacto social. Por último, se reflexiona sobre la interrelación entre las bases de datos relacionales y los sistemas gestores de bases de datos (SGBD), destacando cómo estos sistemas permiten crear, modificar y recuperar información eficazmente. Se concluye que las bases de datos relacionales no solo son fundamentales para el manejo eficiente de datos en las organizaciones modernas, sino que también juegan un papel significativo en la transformación digital y en la mejora del acceso a la información en nuestra sociedad.

Palabras clave: Bases de datos relacionales, integridad de datos, lenguaje SQL, sistemas gestores de bases de datos, normalización de bases de datos, transformación digital, toma de decisiones estratégicas.

ABSTRACT:

This academic essay examines the importance and impact of relational databases in information management today, highlighting their crucial role in various social and business contexts. Throughout the text, the fundamental characteristics that make relational databases an indispensable tool for data organization and analysis are explored. First, it addresses how these databases use a tabular structure that allows large volumes of information to be stored, organized, and accessed efficiently. This approach not only facilitates the manipulation of specific data, but also improves the integrity and accuracy of information, minimizing duplication through the use of primary and foreign keys. In addition, the essay details the advantages inherent to relational databases, such as their robust security, which protects sensitive information through authentication and authorization mechanisms. This is especially relevant in a context where data protection is a priority for both organizations and individuals. Ease of use is another prominent feature; Even users without deep technical knowledge can interact with data using SQL, which democratises access to information and promotes a more inclusive organisational culture. The fast performance of relational databases is essential in environments where decisions must be made quickly. This translates into a fluid user experience, especially in sectors such as e-commerce and public services. The ability of these databases to present accurate data is also emphasised, which is vital for carrying out reliable analyses that support strategic planning and social impact assessment. Finally, the interrelationship between relational databases and database management systems (DBMS) is reflected upon, highlighting how these systems allow information to be created, modified and retrieved efficiently. It is concluded that relational databases are not only fundamental for the efficient management of data in modern organizations, but also play a significant role in digital transformation and in improving access to information in our society.

Keywords: Relational databases, data integrity, SQL language, database management systems, database normalization, digital transformation, strategic decision making.

Tabla de contenido

INTRODUCCIÓN:

Historia ficticia que ilustra la utilidad de una herramienta automatizada

(Historia creada en base a las vivencias y experiencias profesionales y docentes del presente autor, de su completa autoría)

En un pequeño y olvidado pueblo llamado San Zarandillo, enclavado entre montañas y rodeado de naturaleza exuberante, un grupo de jóvenes informáticos, recién graduados de una Maestría de Gestión de Bases de Datos, decidió cambiar el rumbo de su vida. Con una visión clara y un deseo ardiente de marcar la diferencia, estos amigos se unieron para fundar una firma de consultoría en tecnología, convencidos de que podían transformar su comunidad a través del poder de la información.

La Oportunidad del Aislamiento: San Zarandillo había sido históricamente un lugar aislado, donde los avances tecnológicos parecían lejanos. Sin embargo, los jóvenes vieron en su entorno una oportunidad única. En el pueblo vivían antiguos ingenieros retirados, mecánicos con habilidades únicas olvidadas y docentes ancianos que habían dedicado sus vidas a la enseñanza. La presencia de estos veteranos no solo representaba un recurso invaluable, sino también un vínculo con el pasado del pueblo, que podría ser aprovechado para construir un futuro más brillante. Con el deseo de revitalizar la comunidad y aprovechar el vasto conocimiento local, decidieron contratar a estos veteranos para que se unieran a su proyecto.

Imagen No. 1: Viejos talleres hogareños que pueden convertirse en nuevos espacios de trabajo, cargados de historia y cultura, heredan nostálgicos enclaves, así como la aceptación de las comunidades.

Imagen bajo licencia Creative Commons 0 (CC0). Obtenida en http://Pixabay.com

Fundación de Datandillo: La firma, que llamaron Datandillo, comenzó a tomar forma en una antigua casa de adobe que había pertenecido a uno de los primeros maestros impresores del pueblo. Este espacio no solo era un lugar físico; era un símbolo del legado educativo y cultural de San Zarandillo. Con cada rincón lleno de historia, los jóvenes renovaron el espacio y lo convirtieron en una oficina vibrante, donde la creatividad y la colaboración florecieron. La idea era clara: no solo querían ofrecer servicios de gestión de bases de datos, sino también capacitar a la población local en habilidades tecnológicas que les permitieran acceder a nuevas oportunidades.

Un Enfoque Educativo Integral: Los días pasaban entre risas y trabajo arduo. Los jóvenes enseñaban a los ancianos sobre SQL y la importancia de las bases de datos relacionales, mientras que estos compartían historias sobre el pasado del pueblo y sus sueños para el futuro. Esta interacción intergeneracional se alineaba con estudios que demuestran cómo el intercambio de conocimientos entre diferentes grupos etarios puede enriquecer tanto a los educadores como a los aprendices. La combinación de experiencia y energía fresca resultó ser mágica. Pronto, Datandillo comenzó a atraer la atención no solo del pueblo, sino también de empresas cercanas que buscaban modernizarse.

Impacto Social y Económico: A medida que la firma crecía, también lo hacía su impacto en la comunidad. Los ancianos se sentían revitalizados al aprender nuevas habilidades y contribuir a un proyecto significativo. Este fenómeno es consistente con el papel social y económico que juega la información en las comunidades; al empoderar a los individuos con conocimientos tecnológicos, se fomenta una mayor cohesión social y se abren nuevas oportunidades económicas. Los jóvenes, por su parte, encontraron en sus mentores una fuente inagotable de sabiduría y perspectiva. Juntos desarrollaron soluciones innovadoras para pequeñas empresas locales, ayudándolas a digitalizar sus operaciones y conectarse con mercados más amplios.

Transformación Cultural: La labor de Datandillo no solo se limitó al ámbito económico; también tuvo un profundo impacto cultural. Al integrar las tradiciones locales con las nuevas tecnologías, lograron crear un modelo sostenible que respetaba el patrimonio cultural del pueblo mientras lo modernizaba. Esto refleja la importancia del papel social de la información: al facilitar el acceso a tecnologías modernas sin sacrificar las raíces

Imagen No. 2: Papel social y económico de la información en las comunidades, al empoderar a los individuos con conocimientos tecnológicos. Nuevo impulso en la vida de ancianos dispuestos a continuar aprendiendo.

Imagen bajo licencia Creative Commons 0 (CC0). Obtenida en http://Pixabay.com

culturales, San Zarandillo se convirtió en un ejemplo paradigmático de cómo las comunidades pueden adaptarse al cambio sin perder su identidad.

Desafíos y Resiliencia: Sin embargo, no todo fue fácil. A medida que Datandillo crecía, también lo hacían los desafíos. Algunos miembros más mayores del pueblo mostraban resistencia al cambio; temían que la modernización pudiera diluir sus tradiciones culturales. Para abordar estas preocupaciones, los jóvenes organizaron foros comunitarios donde se discutieron abiertamente los beneficios y riesgos del avance tecnológico.

Un Futuro Brillante: Al final del primer año desde su fundación, Datandillo había logrado no solo transformar la manera en que San Zarandillo gestionaba su información, sino también revitalizar el sentido comunitario entre sus habitantes. El pueblo comenzó a ser conocido por su enfoque innovador hacia la tecnología y la preservación cultural.

Los jóvenes estaban convencidos de que habían encontrado su propósito: ser agentes de cambio en su comunidad. Con cada nuevo proyecto e iniciativa, Datandillo demostraba que el poder del conocimiento podía transformar vidas y comunidades enteras.

Así, en San Zarandillo, entre montañas y naturaleza exuberante, un grupo de jóvenes había logrado lo que parecía imposible: unir pasado y futuro a través del poder transformador de la información.

El Siguiente Paso: Expansión e Innovación. Con el éxito inicial asegurado, los fundadores de Datandillo comenzaron a pensar en cómo podrían expandir su impacto más allá del pueblo. Se dieron cuenta de que muchas comunidades rurales enfrentaban desafíos similares: falta de acceso a tecnología moderna y escasa formación en habilidades digitales. Inspirados por esta visión más amplia, decidieron desarrollar un programa itinerante llamado "Conexiones Rurales", diseñado para llevar sus conocimientos a otras localidades necesitadas.

El programa incluiría talleres móviles equipados con computadoras portátiles e internet satelital para enseñar sobre gestión de bases de datos y otras herramientas tecnológicas esenciales. Además, buscarían colaborar con universidades locales para obtener recursos adicionales y apoyo académico.

Un Legado Duradero: Mientras tanto, los ancianos del pueblo comenzaron a documentar sus historias utilizando las herramientas aprendidas en Datandillo. Estas narrativas no solo preservaban la historia local sino que también se convertían en contenido valioso para futuras generaciones. Los jóvenes ayudaron a crear una base de datos accesible donde estas historias pudieran ser almacenadas y compartidas globalmente.

A medida que "Conexiones Rurales" se implementaba exitosamente en otros pueblos cercanos, San Zarandillo se transformó en un modelo inspirador para el desarrollo comunitario basado en tecnología. Las historias compartidas por los ancianos resonaban más allá de las montañas; ahora formaban parte del tejido narrativo regional. Con cada paso hacia adelante, Datandillo reafirmó su compromiso con la educación continua y el empoderamiento comunitario. Así fue como este pequeño pueblo olvidado comenzó a brillar como un faro de innovación social y cultural en medio del vasto paisaje rural. La historia continuaría desarrollándose mientras los jóvenes exploraban nuevas formas de integrar tecnología con tradición, dejando un legado duradero para las generaciones futuras en San Zarandillo y más allá.

¿Cuál es la esencia tecnológica de esta historia ficticia?

La esencia tecnológica de la historia de San Zarandillo y Datandillo se centra en el uso de bases de datos para transformar la comunidad. Estas bases permiten almacenar, organizar y acceder a grandes volúmenes de información, lo que facilita la búsqueda y manipulación de datos específicos, crucial para mejorar la eficiencia en cualquier entorno.

El enfoque educativo de Datandillo no solo enseña habilidades técnicas, sino que también empodera a los habitantes del pueblo, fomentando un ambiente colaborativo donde jóvenes y ancianos comparten conocimientos. Esta interacción intergeneracional enriquece el capital humano del pueblo y promueve una cultura inclusiva.

Además, la labor de Datandillo tiene un impacto cultural significativo al integrar tradiciones locales con nuevas tecnologías. Esto ayuda a preservar la identidad cultural del pueblo mientras se avanza hacia el futuro. Al digitalizar operaciones comerciales, Datandillo contribuye al crecimiento económico local, permitiendo a las pequeñas empresas acceder a nuevos mercados.

El sistema de información desarrollado actúa como un conjunto integrado que combina hardware, software, datos y personas, facilitando un manejo eficiente de la información. Esto permite una mejor toma de decisiones basada en datos precisos y actualizados.

En resumen, la historia ilustra cómo la tecnología puede ser un motor de cambio social y económico. Al capacitar a los miembros de la comunidad en habilidades tecnológicas y promover el acceso a información valiosa, se crea un entorno propicio para el desarrollo sostenible y la preservación cultural. Esta narrativa resalta no solo la importancia técnica de las bases de datos, sino también su potencial para transformar vidas y comunidades enteras.

DESARROLLO:

Las bases de datos son fundamentales para la gestión y el uso de la información en diversos contextos. Su relación con la información en general se puede entender a través de varios aspectos clave, a saber: Permiten almacenar, organizar y acceder a grandes volúmenes de información de manera estructurada. Esto facilita que los usuarios encuentren y manipulen datos específicos sin dificultad, lo que es esencial en entornos empresariales donde la eficiencia y la rapidez son cruciales. [1] Al reunir información en un solo lugar, se evita su dispersión y se mejora la integridad de los datos, asegurando que la información sea precisa, esté actualizada y sea de más fácil comprensión y utilización. [2]

Imagen No. 3: Diferentes modelos para la gestión de datos y sus complejas relaciones.

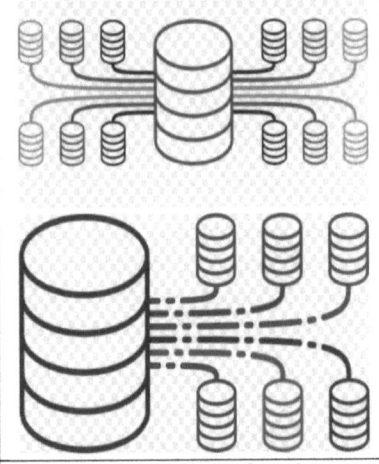

Imágenes bajo licencia Creative Commons 0 (CC0). Obtenidas en http://Pixabay.com

Algunas pautas sobre el valor de la información en general

Papel económico, social y cultural de la información: Desde el punto de vista de la ciencia de la computación, la información es un conocimiento explícito extraído por seres vivos o sistemas expertos como resultado de interacción con el entorno o percepciones sensibles del mismo entorno. [3]

Papel social de la información: La información disponible en la sociedad humana afecta las relaciones entre diferentes individuos de esa misma sociedad. De hecho, el estudio social de la información aborda y pone de manifiesto varios aspectos relacionados con los cambios de comportamiento entre personas que disponen de información diferente. [4]

Papel económico de la información: En esta esfera tan importante de las naciones y sus ciudadanos, la información se manifiesta como la resultante de los datos gestionados por medio de aplicaciones informáticas, herramientas pos medio de las cuales los datos son procesados y más tarde transformados en información coherente y útil, la cual queda provista de un valor y una importancia o peso económico y que posteriormente es gestionada como una relevante figura integradora y característica de ascenso económico, principalmente en el actual siglo XXI. [5]

Un sistema de información: (SI) es un conjunto de elementos orientados al tratamiento y administración de datos e información, integrados en forma de sistema y listos para su uso posterior, generados para cubrir una necesidad o un objetivo. Se trata de un conjunto de tecnologías, procesos, aplicaciones de negocios y software disponibles para las personas dentro de una organización. [6]

Un sistema de información debe cumplir con los siguientes componentes básicos interactuando entre sí: [7]

- ✓ El hardware, equipo físico utilizado para procesar y almacenar datos.
- ✓ El software y los procedimientos utilizados para transformar y extraer información.
- ✓ Los datos que representan las actividades de la empresa.
- ✓ La red que permite compartir recursos entre computadoras y dispositivos.
- ✓ Las personas que desarrollan, mantienen y utilizan el sistema.

Imagen No. 4: Sistemas de Información orientados al tratamiento y administración de datos e información resultante, para el control de complejas actividades económicas y comerciales, entre otras.

Imágenes bajo licencia Creative Commons 0 (CC0). Obtenidas en http://Pixabay.com

El concepto de Base de Datos constituye otro aspecto fundamental, ubicado al centro del presente tema: Al respecto, el autor del presente ensayo, sostiene el criterio de que se le puede denominar Base de datos a cualquier conjunto de datos organizados según determinados criterios, dotados también de una estructura lógica, a los cuales se puede acceder con facilidad y con muy disímiles propósitos. También se puede interpretar a una base de datos como a un banco, conjunto o sistema de conjuntos y subconjuntos de información, que contienen datos relativos a diversas temáticas y se encuentran categorizados de distintas maneras, pero que comparten entre sí algún tipo de vínculo o relación que hace posible ordenarlos, clasificarlos y recombinarlos en conjunto. (Estos son criterios del autor del presente ensayo).

Ejemplos de bases de datos automatizadas: [8]

- ✓ **Bases de datos estáticos**: Son bases de datos únicamente de lectura, utilizadas primordialmente para almacenar datos históricos que posteriormente se pueden utilizar para estudiar el comportamiento de un conjunto de datos a través del tiempo, realizar proyecciones, tomar decisiones y realizar análisis de datos para inteligencia empresarial.

✓ **Bases de datos dinámicos**: Son bases de datos donde la información almacenada se modifica con el tiempo, permitiendo operaciones como actualización, borrado y edición de datos, además de las operaciones fundamentales de consulta. Un ejemplo, puede ser la base de datos utilizada en un sistema de información de un supermercado.

Las bases de datos pueden ser clasificadas según su modelo de administración, lo que se refiere a cómo están estructurados, almacenados y cómo son más tarde recuperados los datos presentes en las referidas bases de datos. Esta clasificación es fundamental para entender las diferentes arquitecturas y tecnologías que se utilizan en la gestión de datos. A continuación, el autor del presente ensayo hace un esbozo de las principales categorías:

Bases de datos jerárquicas: En este modelo los datos se organizan en forma de árbol invertido (algunos dicen raíz), en donde un nodo padre de información puede tener varios hijos. El nodo que no tiene padres es llamado raíz, y a los nodos que no tienen hijos se los conoce como hojas. Las bases de datos jerárquicas son especialmente útiles en el caso de aplicaciones que manejan un gran volumen de información y datos muy compartidos permitiendo crear estructuras estables y de gran rendimiento.Una de las principales limitaciones de este modelo es su incapacidad de representar eficientemente la redundancia de datos. [9]

Base de datos de red: Este es un modelo ligeramente distinto del jerárquico; su diferencia fundamental es la modificación del concepto de nodo: se permite que un mismo nodo tenga varios padres (posibilidad no permitida en el modelo jerárquico). Fue una gran mejora con respecto al modelo jerárquico, ya que ofrecía una solución eficiente al problema de redundancia de datos; pero, aun así, la dificultad que significa administrar la información en una base de datos de red ha significado que sea un modelo utilizado en su mayoría por programadores más que por usuarios finales. [9]

Bases de datos transaccionales: Son bases de datos cuyo único fin es el envío y recepción de datos a grandes velocidades, estas bases son muy poco comunes y están dirigidas por lo general al entorno de análisis de calidad, datos de producción e industrial, es importante entender que su fin único es recolectar y recuperar los datos a la mayor velocidad posible, por lo tanto la redundancia y duplicación de información no es un problema como con las demás bases de datos, por lo general para poderlas aprovechar al máximo permiten algún tipo de conectividad a bases de datos relacionales. [9]

Bases de datos multidimensionales: Son bases de datos ideadas para desarrollar aplicaciones muy concretas, como creación de Cubos OLAP. Básicamente no se diferencian demasiado de las bases de datos relacionales (una tabla en una base de datos relacional podría serlo también en una base de datos multidimensional), la diferencia está más bien a nivel conceptual; en las bases de datos multidimensionales los campos o atributos de una tabla pueden ser de dos tipos, o bien representan dimensiones de la tabla, o bien representan métricas que se desean aprender. [9]

Bases de datos orientadas a objetos: Este modelo, bastante reciente, y propio de los modelos informáticos orientados a objetos, trata de almacenar en la base de datos los objetos completos (estado y comportamiento). Una base de datos orientada a objetos es una base de datos que incorpora todos los conceptos importantes del paradigma de objetos. [9]

El último lugar, se ha reservado para las **Bases de Datos Relacionales**: Estas, a criterio del presente autor, no son menos importantes que las ya referidas, toda vez han jugado roles fundamentales en el desarrollo de la gestión de datos desde su introducción en la década de 1970. Su estructura basada en tablas y el uso del lenguaje SQL (Structured Query Language) han permitido que las organizaciones almacenen, consulten y gestionen datos de manera eficiente y efectiva. [10]

Este es uno de los modelos más utilizados en la actualidad para representar problemas reales y administrar datos dinámicamente. Su idea fundamental es el uso de "relaciones". Estas relaciones podrían considerarse en forma lógica como conjuntos de datos llamados "tuplas". Se acostumbra a pensar en cada relación como si fuese una tabla que está compuesta por registros (las filas de una tabla), que representarían las tuplas, y campos (las columnas de una tabla). En este modelo, el lugar y la forma en que se almacenen los datos no tienen relevancia (a diferencia de otros modelos como el jerárquico y el de red). Esto tiene la considerable ventaja de que es más fácil de entender y de utilizar para un usuario esporádico de la base de datos. La información puede ser recuperada o almacenada mediante "consultas" que ofrecen una amplia flexibilidad y poder para administrar la información. El lenguaje más habitual para construir las consultas a bases de datos relacionales es SQL, Structured Query Language o Lenguaje Estructurado de Consultas, un estándar implementado por los principales motores o sistemas de gestión de bases de datos relacionales. urante su diseño, una base de datos relacional pasa por un proceso al que se le conoce como normalización de una base de datos. [10, 11]

Las bases de datos relacionales han demostrado ser una herramienta fundamental en la organización y en la gestión de datos en la vida social y empresarial contemporánea. A continuación, el autor del presente ensayo reflexiona sobre la versatilidad y aplicabilidad, de este tipo particular de bases de datos, considerando sus conocidas ventajas.

Seguridad y Confianza: La seguridad es una de las características más destacadas de las bases de datos relacionales de los tiempos actuales. Gracias a sus mecanismos de autenticación y autorización, estas bases permiten que solo usuarios autorizados accedan a información sensible. Esto es crucial en un mundo donde la protección de datos personales y corporativos es una prioridad. La capacidad de restringir el acceso a través de nombres de usuario y contraseñas genera un entorno confiable para el manejo de información, lo que a su vez fomenta la confianza entre usuarios y organizaciones. [12]

Facilidad de Uso: La facilidad de uso es otra ventaja significativa. La simplicidad en la estructura de las bases de datos relacionales permite que incluso aquellos sin un profundo conocimiento técnico puedan interactuar con los datos mediante SQL. [13] En función de su experiencia en el diseño y manejo de bases de datos relacionales, el presente autor sostiene el criterio de que esta accesibilidad empodera a cada vez más personas para participar en la toma de decisiones basadas en datos, promoviendo una cultura organizacional más inclusiva y colaborativa. La posibilidad de realizar consultas sin complicaciones técnicas permite que diversas áreas dentro de una organización obtengan información relevante rápidamente.

Rendimiento y Eficiencia: El rendimiento rápido es esencial en un entorno donde las decisiones deben tomarse rápidamente. Las bases de datos relacionales optimizan el acceso a los datos, lo que mejora la eficiencia operativa. En contextos sociales, como el comercio electrónico o los servicios públicos, esta rapidez puede traducirse en una mejor experiencia del usuario, lo que es crucial para mantener la competitividad en el mercado. [14]

Precisión en los Datos: La capacidad de presentar datos precisos es vital en cualquier contexto social. Las bases de datos relacionales minimizan la duplicación y promueven la integridad a través del uso de claves primarias y foráneas. Esto no solo asegura que los datos sean correctos, sino que también permite a las organizaciones realizar análisis más confiables, lo que es esencial para la planificación estratégica y la evaluación del impacto social. [15]

Las bases de datos relacionales (BDR, por sus siglas en español) y los sistemas de gestión de bases de datos (SGBD) están intrínsecamente relacionados, ya que un SGBD de bases de datos relacionales es un tipo específico de gestor diseñado para manejar bases de datos que utilizan un modelo relacional. A continuación, se conceptualiza, según el criterio del autor del presente ensayo y su experiencia práctica, lo que él define como SGBD:

Concepto de Sistema Gestor de Bases de Datos (SGBD): Es un paquete de software (compuesto por un conjunto de programas) que permite crear bases de datos, así como almacenar, modificar y recuperar información contenida en la base de datos creada.

A su vez, esta solución tecnológica proporciona herramientas para agregar, eliminar, modificar y analizar los datos. Los usuarios pueden acceder a la información a través de herramientas o aplicaciones específicas de consulta y elaboración de informes, desarrolladas al efecto. Estos sistemas también proporcionan métodos para mantener la integridad de los datos, administrar el acceso de los usuarios a los datos y recuperar información en caso de falla del sistema. Estos SGBD presentan la información de la base de datos en diferentes formatos, según les sea solicitada la misma. La mayoría de ellos incluyen generadores de informes y consultas. También podrán incluir un módulo gráfico que permita presentar la información a través de cuadros y tablas estadísticas. Normalmente se accede a los datos mediante lenguajes de consulta, que son lenguajes de alto nivel que simplifican la tarea de crear aplicaciones.

También simplifican la generación de consultas y la presentación de informes. Un SGBD le permite controlar el acceso a los

Imagen No. 5: Sistema Gestor de Bases de Datos (SGBD), solución tecnológica con características de motor, capaz de agregar, eliminar, modificar y analizar grandes volúmenes de datos.

Imágenes bajo licencia Creative Commons 0 (CC0). Obtenidas en http://Pixabay.com

datos, garantizar su integridad, administrar el acceso simultáneo a los mismos, restaurarlos después de una falla del sistema y crear copias de seguridad de dichos datos, respetando su integridad y las relaciones existentes entre estos.

Las bases de datos y sus sistemas de gestión son esenciales para cualquier negocio y deben gestionarse con cuidado. El autor del presente ensayo, recomienda también, como fuente de referencia y de posible contraste de los criterios aquí vertidos, al documento publicado por el Ingeniero superior de Informática por la Universidad Autónoma de Barcelona; el especialista Jordi Casas Roma, titulado "Introducción al diseño de bases de datos". [16]

CONCLUSIONES:

El presente ensayo académico pone a relieve la interconexión entre la tecnología, la información y el desarrollo comunitario. Se evidencia la importancia que revisten las bases de datos como herramientas fundamentales para la gestión y el uso eficiente de la información. Estas permiten almacenar, organizar y acceder a grandes volúmenes de datos de manera estructurada, lo que es esencial para mejorar la eficiencia en diversos contextos, incluyendo el empresarial y el social. El enfoque educativo adoptado por Datandillo resalta cómo la capacitación en habilidades tecnológicas empodera a los miembros de la comunidad, fomentando un ambiente colaborativo donde el conocimiento se comparte entre generaciones. Esta dinámica no solo es capaz de enriquecer al capital humano de un pueblo, sino que también promueve una cultura inclusiva que valora tanto la tradición como la innovación. La historia también ilustra cómo la tecnología puede ser un motor de cambio social y económico. Al digitalizar operaciones comerciales y crear sistemas de información accesibles, se contribuye al crecimiento económico local y a la preservación cultural. Este proceso se alinea con el papel social y económico que desempeña la información; al facilitar el acceso a datos relevantes, se abren nuevas oportunidades para el desarrollo sostenible. Puede concluirse que un sistema de información bien estructurado, que integre hardware, software y personas, es crucial para una gestión efectiva de los datos. Esto permite una toma de decisiones más informada y precisa, lo que es vital en un mundo donde la rapidez y la precisión son esenciales para mantener la competitividad.

See next page for conclusions in English.

CONCLUSIONS:

This academic essay highlights the interconnection between technology, information and community development. It highlights the importance of databases as fundamental tools for the management and efficient use of information. They allow large volumes of data to be stored, organized and accessed in a structured manner, which is essential to improve efficiency in various contexts, including business and social. The educational approach adopted by Datandillo highlights how training in technological skills empowers community members, fostering a collaborative environment where knowledge is shared between generations. This dynamic is not only capable of enriching the human capital of a town, but also promotes an inclusive culture that values both tradition and innovation. The story also illustrates how technology can be a driver of social and economic change. By digitizing business operations and creating accessible information systems, local economic growth and cultural preservation are contributed to. This process aligns with the social and economic role played by information; by facilitating access to relevant data, new opportunities for sustainable development are opened. It can be concluded that a well-structured information system, integrating hardware, software and people, is crucial for effective data management. This allows for more informed and accurate decision-making, which is vital in a world where speed and accuracy are essential to remain competitive.

Vea página anterior para las conclusiones en Español.

REFERENCIAS BIBLIOGRÁFICAS:

1.- European Institute of Technology. Epitech-Blog Tecnológico. 2021 [citado 4 de noviembre de 2024]. Base de datos: Usos, aplicaciones y tipos de bases de datos. Disponible en: https://www.epitech-it.es/base-de-datos/

2.- PGR. PGR, Marketing y Tecnología. 2024 [citado 4 de noviembre de 2024]. ¿Qué son las bases de datos y por qué son útiles? Disponible en: https://www.pgrmt.com/blog/que-son-las-bases-de-datos-y-por-que-son-utiles

3.- Información. En: Wikipedia, la enciclopedia libre [Internet]. 2024 [citado 4 de noviembre de 2024]. Disponible en: https://es.wikipedia.org/w/index.php?title=Informaci%C3%B3n&oldid=163216695

4.- Vidales-Bolaños MJ, Sádaba C. Adolescentes conectados: La medición del impacto del móvil en las relaciones sociales desde el capital social. Comunicar: Revista Científica de Comunicación y Educación. 2017;25(53):19-28.

5.- Iniciativa Aporte. datos.gob.es Reutiliza la información pública. 2018 [citado 4 de noviembre de 2024]. El poder económico de los datos | datos.gob.es. Disponible en: https://datos.gob.es/es/noticia/el-poder-economico-de-los-datos

6.- Velázquez MC, Munguía MG, Cerón IMG, Rubio MNG. Principios de Seguridad Informática en Sistemas de Información. XIKUA Boletín Científico de la Escuela Superior de Tlahuelilpan [Internet]. 5 de julio de 2015 [citado 4 de noviembre de 2024];3(6). Disponible en: https://repository.uaeh.edu.mx/revistas/index.php/xikua/article/view/1309

7.- Sistema de información. En: Wikipedia, la enciclopedia libre [Internet]. 2024 [citado 4 de noviembre de 2024]. Disponible en: https://es.wikipedia.org/w/index.php?title=Sistema_de_informaci%C3%B3n&oldid=16224310 9

8.- European Institute of Technology. Epitech-Blog Tecnológico. 2021 [citado 4 de noviembre de 2024]. Base de datos: Usos, aplicaciones y tipos de bases de datos. Disponible en: https://www.epitech-it.es/base-de-datos/

9.- TechMission Programs. City Vision University. Radically affordable Education to Make a living and a life. 2021 [citado 11 de noviembre de 2024]. Base de datos. Disponible en: https://library.cityvision.edu/base-de-datos

10.- Universitat Oberta de Catalunya. Proceso de programación y desarrollo tecnológico – Bases de datos. 2023 [citado 11 de noviembre de 2024]. Acceso a bases de datos: SQL. Disponible en: http://cv.uoc.edu/UOC/a/moduls/90/90_574b/web/main/m7/c2/3.html

11.- Modelo relacional. En: Wikipedia, la enciclopedia libre [Internet]. 2024 [citado 11 de noviembre de 2024]. Disponible en: https://es.wikipedia.org/w/index.php?title=Modelo_relacional&oldid=162378261

12.- GraphEverywhere E. Seguridad en Bases de Datos Relacionales y Documentales y sus desafíos [Internet]. GraphEverywhere. 2024 [citado 11 de noviembre de 2024]. Disponible en: https://www.grapheverywhere.com/seguridad-en-bases-de-datos-relacionales-y-documentales-y-sus-desafios/

13.- Martín Díaz Otto, Llanusa Ruiz Celia, Sotillo Bent Luis. Sistema de gestión de información para seguimiento y alerta de casos positivos de tamizaje neonatal. Rev. cuba. inf. cienc. salud [Internet]. 2016 Dic [citado 2024 Nov 11] ; 27(4): 515-530. Disponible en: http://scielo.sld.cu/scielo.php?script=sci_arttext&pid=S2307-21132016000400008&lng=es.

14.- Pontia - Comunidad Data. ¿Qué Son Las Bases De Datos Relacionales? ¡Descúbrelo Aquí! [Internet]. Pontia. 2023 [citado 11 de noviembre de 2024]. Disponible en: https://www.pontia.tech/que-son-las-bases-de-datos-relacionales/

15.- Intersystems. Biblioteca de Recursos. 2024 [citado 11 de noviembre de 2024]. ¿Qué es una base de datos relacional y por qué es necesaria? Disponible en: https://www.intersystems.com/es/recursos/que-es-una-base-de-datos-relacional/

16.- Casas Roma J. Open Navigation. Diseño de bases de datos. 2023 [citado 11 de noviembre de 2024]. Diseño de bases de datos. Disponible en: https://cv.uoc.edu/annotation/cb826b689abc472d8fb5b2519840058b/699689/PID_00213707/PID_00213707.html

---

Nota del autor: Las Imágenes que encontrará en este ensayo académico, a menos que el autor declare lo contrario, disponen de licencia CreativeCommons 0 (CC0) y han sido obtenidas en http://Pixabay.com. Las referencias bibliográficas presentes en esta obra se encuentran acotadas según Normas Vancouver.